ET COMMENT FAIRE
AVEC LA VIE?

Viviane Anais

ET COMMENT FAIRE AVEC LA VIE?

TOME1

QUAND ON EST UN HUMAIN MOYEN
ENTRE 0 ET 20 ANS

Dépôt légal : mars 2023

ISBN 978-2-9584621-0-9

INTRODUCTION

Il est dans la nature humaine d'être imparfaite. Cependant, certaines recommandations pourraient être suivies pour que la vie des humains, et la vôtre en particulier, s'en trouve améliorée. Voici donc réunis ici 300 et quelques conseils pour savoir mieux faire avec la vie.

Néanmoins, il ne faut pas s'y tromper.
Ceci est dédié plus spécifiquement aux humains moyens entre l'âge de 0 et 20 ans.
Ceci requiert un certain second degré; pour ne pas dire un second degré certain.
Ceci n'est pas un livre de développement personnel.

Conseil n°1

Ne présupposez de rien concernant votre
avenir. De toute façon, à la fin, ça ne devrait
que mal finir.

Conseil n°2

Ce n'est pas difficile d'apprendre à marcher.
Il faut mettre un pied devant l'autre.
Mais il faut le répéter plusieurs fois.

Conseil n°3

Pourquoi sans cesse demander l'aide de
Dieu?
Imaginez si tout le monde faisait comme
vous. Heureusement qu'il y a des athées
pour songer à lui laisser du temps libre.

Conseil n°4

Marcher à quatre pattes ne devrait pas être
une excuse pour tomber dans la piscine.

Conseil n°5

Vous ne savez peut-être pas ce que vous
voulez faire plus tard, mais vous savez que
vous voulez être riche. C'est déjà un très
gros tri.

Conseil n°6

Ne cherchez pas à plaire à des gens qui ne
vous plaisent pas.
Car si ces gens ne vous plaisent pas, mais
que vous faites semblant qu'ils vous plaisent,
imaginez que vous leur plaisiez.

Conseil n°7

Avancez votre crise d'adolescence, et refusez de tenir la main de vos parents s'ils ne le méritent pas.

Conseil n°8

A la plage, ne vous précipitez pas à quatre pattes pour boire l'eau de la mer. Le sel contenu dans l'eau a pour fâcheuse tendance à déshydrater, et votre système digestif n'est pas encore au point à ce stade là; je parle du stade où vous en êtes à vous précipiter à quatre pattes sur la plage pour vous abreuver d'eau de mer.

Conseil n°9

Si quelqu'un essaie de vous kidnapper, ne croyez pas ce qu'il vous raconte, rares sont les kidnapping qui se terminent bien.

Conseil n°10

Lorsque vous faites face à un danger immédiat tel qu'un kidnapping, vous essaierez de ne pas céder à vos pulsions de sucre, car c'est généralement l'appât utilisé par les kidnappers. Pour cela, commencez tout de suite par réduire drastiquement votre consommation. Ce régime devra s'étaler sur toute la période de votre enfance. Ce qui fera de vous un enfant très sain, et sauf.

Conseil n°11

Vous en avez assez des égratignures? Lorsque vous faites vos lacets, apprenez que la boucle se fait en passant le dit lacet par en-dessous, pour ensuite former une rotation à un angle de 25 degrés jusqu'à toucher l'autre coin, ensuite, saisissez le côté du deuxième lacet. Munissez vous de courage et ne cédez pas à la mode des mocassins. De toute évidence cette mode ne sera valable que vers vos cinquante ans.

Conseil n°12

Le jour du bac, n'oubliez pas de retourner le polycopié pour lire la consigne. Ne vous imaginez pas qu'il pourrait ne pas y avoir de consigne. Car il y en a toujours une, c'est même le principe d'un examen. Et pour être tout à fait clair, c'est même le principe d'une société.

Conseil n°13

Suivez scupuleusement les règles. Et quelquefois, de façon exceptionnelle et réfléchie, ne les suivez pas.

Conseil n°14

Soyez authentique en toutes circonstances, exception faite de cette fois là où il vous apparaîtra plus judicieux d'user d'une saine hypocrisie.

Conseil n°15

Quand il pleut, munissez-vous de vos bottes pour vous rendre à l'école, et quand il fera beau, votre choix portera sur des matières légères, cotonneuses, du lin, ou du polyester anti transpirant.
Et si vous aviez aussi le désir de plaire, vous pouvez simplement assortir les couleurs.

Conseil n°16

Cultivez l'optimisme.
S'il vous arrivait des ennuis, on ne pourra pas dire que vous les avez cherchés.

Conseil n°17

Vous ne devriez pas avoir peur de la mort à votre si jeune âge. Ça ne sert à rien. Dans votre cas, elle ne viendra que par surprise.

Conseil n°18

Désolée, mais pour faire partie de la chorale de l'école, en effet il faut savoir chanter.
De la même manière que pour faire partie d'une famille, il faut savoir grandir avec des gens névrosés.

Conseil n°19

Songez que la politesse a été inventée pour qu'on puisse dire tout ce qu'on veut sans risquer de se faire mal voir. Vous ne devriez donc pas avoir peur de dire ce que vous pensez. Il suffit de toujours dire au revoir à celui que vous aurez sciemment traité de con.

Conseil n°20

Ne faites généralement confiance à personne. Sauf à quelqu'un, en particulier.

Conseil n°21

Souvenez-vous des anniversaires de vos camarades d'école et n'hésitez pas à les leur souhaiter.
Sauf pour les redoublants bien sûr, qui pourraient y voir matière à moquerie.

Conseil n°22

Inscrivez-vous dans un atelier de théâtre aux fins de développer votre aura et votre charisme.
Et pour les plus disgracieux qui ne croient pas ça possible, allez y quand même, vous pourrez au moins développer votre mémoire.

Conseil n°23

Si un de vos frères et sœurs vous embête, il suffit de répliquer en retour. Quitte à user de la force et devoir donner des coups de pieds rapides dans le vide en faisant des grimaces. Cependant, si vous êtes une fille, il vaudrait mieux commencer à apprendre assez tôt à être une victime.

Conseil n°24

A partir d'un certain âge, il ne faudra plus faire que des blagues intelligentes. En effet on ne peut plus rire de certaines choses une fois devenu adulte. Mais quand il sera temps pour vous d'être vieux et grabataire, vous pourrez enfin vous remettre aux blagues pipi caca. De toute façon, vous ne devriez pas avoir autre chose en tête.

Conseil n°25

Pour être certain que vos parents vous offrent un hamster pour Noël, faites en sorte d'avoir de bonnes notes le trimestre précédent. Pour le reste de l'année scolaire, vous n'aurez qu'à dire que le hamster accapare toute votre attention.

Conseil n°26

Si vous attendez la puberté avec impatience, c'est compréhensible, mais mesurez la chance qui est la vôtre de pouvoir encore sauter tout nu sur les genoux de n'importe qui sans que ça porte à conséquence. A l'exception bien sûr de ces fois où vos parents vous emmènent visiter cet oncle par alliance.

Conseil n°27

A votre réveil, réjouissez-vous d'être encore
en vie contrairement à bon nombre de gens
qui seront morts dans leur sommeil.

Conseil n°28

Essayez de voyager le plus souvent possible.
On dit bien que les voyages forment la
jeunesse. Bien sûr, il ne s'agit pas de
confondre voyager et rentrer chez vos
parents le week end. Là-bas, vous n'aurez
rien à y apprendre que vous ne savez déjà. Si
ce n'est que vos vêtements seront propres.

Conseil n°29

Sifflez le plus souvent possible un air
entraînant.
Vous prendrez la précaution d'être en
intérieur pour ne pas faire concurrence aux
oiseaux.

Conseil n°30

Dormez au minimum 8 heures. Et si votre hamster fait tourner sa roue toute la nuit, n'hésitez pas à déplacer sa cage dans une quelconque mansarde. En revanche, si vous possédez un boa constricteur, jetez une simple serviette sur sa cage; les boas constricteur sont une espèce facile à duper.

Conseil n°31

Si vos parents vous ont eu par fécondation in vitro, ce n'est pas une raison valable pour en vouloir à votre père. Il a tout de même fait beaucoup pour vous après votre naissance.

Conseil n°32

Il faudra vous habituer à ce que certaines choses soient ambivalentes dans la vie ; par exemple vous aimez vos parents plus que tout, et vous espérez tout en même temps, en certaines occasions, qu'ils meurent dans d'atroces souffrances.

Conseil n°33

Ayez confiance en un ange gardien hypothétique.

Conseil n°34

Si un jour vous ressentez une crispation à l'endroit du plexus solaire, c'est que vous êtes entrain de faire une crise d'angoisse sans vous en rendre compte.
L'autre possibilité, c'est que vous soyiez entrain de vous faire bastonner, et il serait plus que temps de vous en rendre compte.

Conseil n°35

Si vous voulez faire de la figuration pour payer vos études improbables, essayez d'entrer en contact avec un acteur célèbre.

Conseil n°36

Pour éviter de tâcher vos vêtements propres,
il faudrait porter vos vêtements de la veille.
Mais ne répétez pas trop longtemps ce
stratagème.

Conseil n°37

Il faut se laver les mains avant de passer à
table. Mais si vous êtes vraiment très petit, il
faudra aussi vous les laver après.

Conseil n°38

Il ne faut pas mettre vos doigts dans votre
nez. Comment voulez vous espérer être le
préféré ? Il vaut mieux les mettre dans les
prises, et qu'on s'inquiète tout le temps pour
vous.

Conseil n°39

Ne commencez pas si tôt à avoir le béguin pour tout le monde. Vous avez bien le temps avant de devoir vous accoutumer à la douleur du rejet.

Conseil n°40

Jetez vos vêtements troués qui ne font pas bonne impression. Et même si vous auriez de grandes qualités par ailleurs.

Conseil n°41

Cessez de raconter des mensonges, votre nez risque fort de s'allonger. Même si en grandissant il s'allongera même si vous êtes très honnête.

Conseil n°42

Remplacez une pensée négative par une pensée positive. Par exemple, si vous êtes anxieux à l'idée de passer un examen pour lequel vous éprouvez un profond désintérêt, focalisez-vous maintenant sur la chance qui vous est donnée de suivre une scolarité gratuite dans un pays qui n'est pas en guerre, et sans avoir à marcher des dizaines de kilomètres chaque matin pieds nus et le ventre vide. Vous devriez retrouver votre entrain.

Conseil n°43

Lorsque vous êtes en situation de perdre vos moyens, prenez en conscience, sortez prendre l'air, et revenez quand vous aurez repris vos esprits. Il est à noter que beaucoup de serial killers ne suivent pas ce conseil pourtant simple et c'est bien dommage.

Conseil n°44

Ne vous inquiétez pas, quand vous serez grand vous aussi vous aurez un téléphone pour passer tout votre temps dessus, mais en attendant, essayez de découvrir le monde en vrai.

Conseil n°45

Si vous deviez faire l'amère expérience d'un parent tortionnaire, essayez quand même de trouver un terrain d'entente. Au moins pour qu'il vous autorise à le poursuivre en justice.

Conseil n°46

Avancez votre montre de cinq à dix minutes pour avoir un temps d'avance sur tout et tout le monde.

Conseil n°47

Si jamais vous avez de l'acné, c'est la preuve que votre puberté se déroule de la meilleure des façons, et que votre vie se déroule de la pire des façons.

Conseil n°48

Ne soyez pas toujours vent debout contre les injustices. Votre propre existence est le résultat d'une injustice. Votre mère aurait eu bien le droit de continuer ses études.

Conseil n°49

Soyez rassuré, une fois que vous serez en âge de travailler, ce sera subitement le plein emploi.

Conseil n°50

Bien sûr que la vie est belle, et que vous avez envie de courir partout et de rigoler très fort, mais vu l'heure qu'il est, si vous insistez trop sur ce point, vos parents sont à deux doigts de vous montrer que c'est plus nuancé que ça.

Conseil n°51

Durant l'heure de cours, lorsqu'un professeur cherche à vous coller sur une notion abstraite, particulièrement complexe, et que vous n'auriez pas encore abordée, gardez votre calme, et faites preuve d'audace en proposant ce qui vous vient à l'esprit. Si vous avez une bonne intuition, vous passerez pour quelqu'un de très intelligent, dans le cas contraire, vous passerez pour quelqu'un de très audacieux, ce qui est aussi une qualité appréciable.

Conseil n°52

Ayez des objectifs incensés et a priori irréalisables. Comme ça, on ne pourra pas venir vous faire le reproche de ne pas avoir tout tenté pour les réaliser.

Conseil n°53

Pour qu'on vous trouve mature pour votre âge, il faut que vous ayez bien pris tous les tics de vos parents; à savoir une excellente élocution et un vocabulaire riche et varié, mais évitez quand même les anecdotes racistes.

Conseil n°54

Pour rentrer de l'école à vélo, portez toujours un casque et même si vos camarades se moquent de vous.
Parce que contrairement à eux, vous serez sûr de pouvoir vivre assez longtemps pour finir par vous acheter une voiture.

Conseil n°55

Il ne faut pas vous méprendre. Ce n'est pas parce que vous êtes bon en sport que vous pourrez prétendre à une carrière professionnelle. Il se trouve seulement que vous êtes encore très léger et que pour courir c'est un avantage indéniable.

Conseil n°56

Lisez des revues scientifiques pour vous informer sur des sujets que vous ne maîtrisez pas et enrichir votre esprit defaillant (votre esprit en cours de formation). Attention cependant d'avoir suffisamment d'esprit (formé) pour penser à les lire jusqu'au bout. Les résultats d'expériences se trouvant généralement à la fin.

Conseil n°57

Variez les chemins pour rentrer chez vous.
Cependant méfiez-vous des rues sombres,
délabrées et désertes; préférez le choix
d'avenues propres et bien éclairées d'une
enfilade de lampadaires.

Conseil n°58

Ayez toujours une lampe de poche sur vous
pour vous aider à retrouver votre chemin
dans les rues sombres, délabrées, et désertes,
dans le cas où vous auriez été bien imbécile
de vous y être aventuré.

Conseil n°59

Dans la mesure du possible, à la sortie de la
crèche, apprenez à identifier vos parents
d'un simple coup d'oeil. Cette technique
vous évitera de vous retrouver au milieu
d'une famille qui s'avèrerait ne pas être la
vôtre. Sauf si c'était le but recherché.

Conseil n°60

La vie n'est pas un long fleuve tranquille et vous allez connaître de grandes épreuves en vieillissant. Ne croyez pas vos parents qui prétendent le contraire.
Tous les parents disent ça à leur progéniture pour qu'ils conservent le goût de vivre et de faire des enfants à leur tour. C'est un traquenard mondial, et je vous l'apprends.

Conseil n°61

Si vous êtes submergé d'émotions à l'idée de devoir mourir un jour, prenez une grande inspiration et détendez vous. Songez que les émotions sont de passage sur Terre. Exactement comme vous.

Conseil n°62

Ne portez pas de chaussettes déparayées pour aller à l'école, on va croire que vous êtes distrait. Alors que vous êtes seulement idiot.

Conseil n°63

Sachez une bonne fois pour toutes que ce sont les adultes qui commandent et pas les enfants. Et il y a une bonne raison à ça, c'est que les adultes, contrairement aux enfants, ont l'expérience de s'être trompés.

Conseil n°64

Appelez vos grands parents de temps en temps pour leur donner des nouvelles. Et s'ils sont déjà morts, d'après l'ordre des choses, c'est que vos parents aussi vont bientôt mourir, et que vous pourrez alors appeler qui vous voulez vraiment appeler.

Conseil n°65

Pour orienter le choix de vos parents sur la destination des prochaines vacances, il faut que vous fassiez l'effort de bien vous tenir près des plans d'eau, mais que dans la rue vous n'arriviez plus jamais à tenir sur vos jambes même en vous aidant de deux manches à balai.

Conseil n°66

Lorsque vous vous promenez sur une plage paradisiaque, retirez vos chaussures et marchez pieds nus, vous vous procurerez ainsi un massage de la plante des pieds. Si vous n'avez pas très souvent l'occasion de marcher sur une plage paradisiaque, faites de même dans le bac à sable jouxtant votre immeuble et fermez les yeux.

Conseil n°67

Le soir de vos dix huit ans, ne prenez pas la route sans vous soucier de votre taux d'alcoolémie. Maintenant que vous êtes majeur, vous êtes devenu une personne prudente et réfléchie.

Conseil n°68

Pour devenir un adulte sociable, l'erreur serait de croire qu'il faut avoir été un enfant sociable. En vérité, pour qu'un individu ait encore foi dans le genre humain à 18 ans, il faut que lui ait été épargné de côtoyer les autres au moment où ils furent le plus prompts à torturer leurs semblables.

Conseil n°69

Arrêtez de courir partout, certains vont penser que le jeu est de vous attraper et de vous mettre dans leur camionette.

Conseil n°70

Ne vous posez pas trop de questions et faites seulement ce qu'on vous demande. De toute façon vous n'êtes pas encore assez intelligent pour comprendre l'absurde.

Conseil n°71

Multipliez vos personnalités pour être certain de toujours vous faire des amis.

Conseil n°72

Pour ne pas perdre les clées de chez vous, il faut vous les attacher autour du cou, et pour ne pas qu'un camarade de classe vous étrangle avec, il faut courir vite jusqu'à chez vous.

Conseil n°73

Face à la violence de la rue, apprenez à vous défendre tout seul. Mais pour vous éviter d'être renversé par un chauffard, il faudra compter sur votre bonne étoile.

Conseil n°74

Acceptez les compliments même s'ils ne vous sembleront pas justifiés sur le moment parce que vous avez ce syndrome de l'imposteur qui vous gâche la vie. Songez seulement que vous n'êtes pas censé croire tout ce qu'on vous dit.

Conseil n°75

Si dans votre landau vous dites BAAAAABEEEEBIIIII suivi de Goolooooooooglouuuuu, il n'est pas très étonnant que vos parents se méprennent sur vos intentions et vous couvrent de bisous alors que vous avez la couche pleine.

Conseil n°76

Bien entendu que vos parents ont des attentes vous concernant, et qu'elles sont même considérables, et qu'ils feront certainement tout pour se réaliser à travers vous; mais ça n'aurait pas de sens de leur reprocher de ne pas avoir accompli leurs rêves et de s'être plutôt rangés pour fonder une famille.

Conseil n°77

Si vous n'êtes pas sociable, ce n'est plus très grave. Il est vrai que dans le temps, pour survivre, l'humain devait pouvoir compter sur les autres de son espèce. Mais aujourd'hui, il doit seulement compter sur le réassort des magasins.

Conseil n°78

Durant le secondaire, puis pendant vos années d'études supérieures, ralliez à votre cause un grand nombre de gens; ainsi, quelques soient les adversités futures, vous aurez toujours un ami perdu de vue pour vous ouvrir sa porte.

Conseil n°79

Profitez toujours des instants de répit avant le retour à la normale.

Conseil n°80

Parmi toutes les choses que vous devez apprendre à ne pas faire en tant qu'enfant, il y a celles qu'on ne pourra même pas nommer en votre présence et qui ne pourront donc pas vous être interdites. Voilà où se niche votre espace de liberté.

Conseil n°81

Arrêtez un peu de toujours vouloir faire
l'inverse de ce que vos parents préconisent.
Pour avoir la paix il se pourrait qu'ils aient
envie de vous voir partir en vacances.

Conseil n°82

Prenez soin de vos affaires. Surtout si vous
êtes un enfant pauvre.
Car si vous êtes un enfant pauvre, vous
n'avez pas l'excuse que ça vous prenne trop
de temps.

Conseil n°83

Il ne faudrait pas vous laisser marcher
dessus au travail au prétexte que vous êtes
jeune. Déjà que dans votre vie personnelle
on vous traite trop souvent comme un
adolescent attardé.

Conseil n°84

Pour ne pas être malade il faudrait d'abord que vous l'ayez été. C'est ce qu'on appelle le système immunitaire.

Conseil n°85

La traversée de votre adolescence se fera sans encombre si et seulement si vous suivez ce conseil érudit: ne portez strictement aucune attention à votre physique durant les dix prochaines années. Ceci fait, regardez-vous dans un miroir. Ça y est, vous avez vingt cinq ans. Après être passé par toutes les sortes de formes approximatives, vous êtes maintenant au summum de votre beauté.

Conseil n°86

A l'instant de vous orienter dans une voie professionnelle, n'hésitez pas à avoir de l'ambition. Dans votre cas vous pourriez faire carrière outre-Atlantique.
Il paraît que là-bas les américains ne réussissent que s'ils sont partis de rien.

Conseil n°87

Si vous aimez vos parents à égalité, c'est bien normal. Mais vous voyez bien que dans la vie les tâches ne sont pas réparties à égalité. Il serait plus logique que vous aimiez beaucoup plus votre maman.

Conseil n°88

L'enfance reste la plus belle période de la vie, surtout si vous êtes bien tombé.

Conseil n°89

Soyez le moins possible sujet aux attaques de panique. Ça énerve tout le monde.

Conseil n°90

Si vous savez déjà parfaitement manger, dormir, marcher, parler, écrire, compter sur vos doigts, faire votre toilette, et que vous pensez que pour le reste vous apprendrez sur le tas ; dans ce cas, en effet, il n'est pas complètement absurde de penser fuguer de chez vos parents.

Conseil n°91

Ce n'est pas beau de mentir.
Vous savez bien que vous risquez d'aller brûler en enfer; même si personne ne sera jamais assez honnête pour vous le dire en ces termes.

Conseil n°92

Il y a certaines espèces de champignons que vous ne devriez pas cueillir. A moins que vous aimiez vivre dangereusement et que vous n'ayez pas encore de voiture.

Conseil n°93

Trouvez-vous une passion. La vie vous
paraîtra plus douce.
Il faut seulement qu'elle soit légale et
socialement acceptée. (Et que ce ne soit pas
de jouer du tambourin.)

J'adore la musique!

J'aime me déplacer
sur les mains sans aucune raison

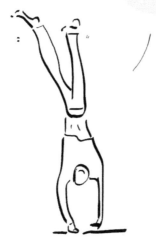

Conseil n°94

Pour régler un conflit, usez de méthodes respectueuses des lois de votre pays, et même si ce n'est pas pour vous arranger.

Ceci n'est pas valable en des périodes délétères
telles que le nazisme et autres dérivés du fascisme.

Conseil n°95

Sachez profiter de la vie tout en veillant à la préservation de votre enveloppe corporelle si fragile. Vous n'avez ni carapace ni suffisemment de poils, vous n'êtes pourvu que d'un misérable épiderme, qui plus est vieillissant.

Il n'est donc pas nécessaire de chercher à savoir si vous êtes fait d'une matière inflammable. La réponse est oui.

Pour ma part,
je ne sors jamais sans cette chose

Peau de bête renforcée d'écailles
en polyester double épaisseur

Conseil n°96

Ne cherchez pas à réussir un objectif en un jour. Découpez plutôt ce gros objectif en de petits objectifs réalisables jour après jour. Prenez l'exemple des colons avec le reste du monde. Ils ont bien été obligés de le partager en petites parts.

Une pour
travailler dur

Une pour
m'acheter un vélo

Une pour
m'entraîner

Une pour
m'entraîner dur

Une pour
m'entraîner dur

Une pour
participer à une course
super importante

Une pour
remporter le Tour de France

Conseil n°97

Faites l'inventaire de tout ce qui vous
manque, et posez vous la question de savoir
si ce manque est insurmontable.

À la longue,
on s'y fait

Conseil n°98

Créez un fichier word pour y compiler tous les anniversaires de vos amis. Ainsi, vous n'oublierez pas de leur fêter leurs anniversaires le moment venu. Et si malgré cette précaution, vous remarquez que vous oubliez systématiquement de souhaiter son anniversaire à quelqu'un, vous comprendrez qu'il n'était décidément pas un ami.

Oui bonjour, je voulais te souhaiter un bon anniversaire
car j'ai remarqué dans un fichier que j'ai sur toi
que c'est aujourd'hui que tombe ton anniversaire

Conseil n°99

Restez aimable, même avec vos détracteurs.
On ne sait jamais qu'ils finissent par louer
votre constance de caractère.

Conseil n°100

Ne trichez pas à l'examen du baccalauréat,
même si l'envie vous taraude. Une loi
prévoit que vous seriez passible de trois
années d'emprisonnement. Déjà qu'à votre
âge, vous venez de passer dix huit ans dans
une école.

Si seulement j'avais un tant soit peu de courage,
je serais capable de tricher à cet examen

Conseil n°101

Ne vous privez pas d'aller au musée même si vous êtes un ado; c'est bien le seul endroit où vous pouvez vous rincer l'oeil sans être réprimandé.

Oui bonjour, étant donné que je ne compte pas dépenser un centime pour la culture, j'aurais aimé savoir si le musée est ouvert gratuitement aujourd'hui?

Conseil n°102

Soyez qui vous êtes, sans peur du regard des
autres.
Si vous êtes quelqu'un d'un peu
conventionnel, cela devrait être facile.

Conseil n°103

Apprenez à dire non. Car c'est un mot
finalement très court.

Si tu ne veux pas coucher avec moi, Miranda, veux tu bien me fournir une explication ?

Certainement, je ne veux pas coucher avec toi, Francis, car tu vas sur tes 68 ans cette année et que j'en ai pour ma part 17, mon ptit bonhomme

Conseil n°104

Consacrez du temps à la lecture de grandes œuvres. Vous consacrerez moins de temps à la vie réelle où vous ne tenez qu'un rôle secondaire.

Conseil n°105

N'employez pas les expressions définitives
« toujours » ou « jamais » en parlant de
quelqu'un. En vérité personne n'est jamais
toujours quelque chose ou jamais quelque
chose. Même le pire des assassins doit se
montrer bienveillant quelquefois. Mais on
ne le saura jamais, parce qu'on est pas là
quand il décidera d'épargner quelqu'un à la
dernière minute.

Seules certaines matières chimiques
réagiront toujours de la même façon
au contact d'une autre matière chimique
pour donner toujours le même résultat

matière chimique A   matière chimique B

Conseil n°106

Allez observer les couchers de soleil, même
si pour cela vous deviez faire une trotte.
Pensez que ce qu'il y a de bien avec le soleil,
c'est que comme avec un ami, en partant il
vous donne envie de le revoir.

Franchement, 20 bornes pour aller voir le coucher de soleil,
j'vois pas ce qu'il y a de choquant, et puis, c'est quand même
du soleil dont on parle. C'est pas rien

Conseil n°107

Avant de fermer l'oeil le soir dans votre lit, demandez à votre subconscient de trouver les solutions à vos problèmes. Bien entendu, restez poli et dites « s'il te plaît ». Votre subconscient est certainement susceptible.

Steuplé subconscient,
fais en sorte qu'on se couche
tôt ce soir

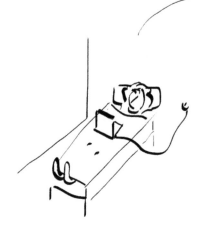

Conseil n°108

Faites une liste de vos rêves et gardez la toujours précieusement dans votre poche. Comme ça, où que vous alliez, vous pourrez vous isoler pour la relire. Ainsi, vous ne courrerez pas le risque de vous laisser accaparer par la vie réelle.

Je me suis acheté ce bateau avec mon premier salaire.

Désormais je parcours les mers du monde entier sans me soucier de rien.

J'adore réaliser mes rêves,

je conseille à tout le monde de faire comme moi !

Conseil n°109

Dans le cadre de vos études, ménagez-vous des temps de repos. La science a montré depuis longtemps que le cerveau a besoin de repos pour réussir à mémoriser des notions et répondre à des questions. C'est d'ailleurs pour cela que les insomniaques ne trouvent pas de solution à leur problème.

Conseil n°110

Prenez des photos de tout, tout le temps.
Vous aurez ainsi plein de souvenirs à
raconter de tout ce que votre téléphone aura
vécu.

Conseil n°111

Si vous deviez avoir à courir un marathon, ne vous préoccupez pas de connaître les conditions atmosphériques prévues, lâchez prise et concentrez vous uniquement sur le plaisir de participer plutôt que de gagner. Car comme chacun sait, dans la vie, l'important est de participer. Sauf bien sûr, s'agissant des pogroms et autres manifestations haineuses.

Nous ne sommes pas toujours entrain de courir les uns derrière les
autres pour de mauvaises raisons, c'est la différence avec les
animaux ; parfois nous le faisons aussi pour recevoir des médailles

Conseil n°112

Gardez toujours sur vous un adorable carnet
pour y noter vos pensées, même les plus
sombres. Le tout est que ce soit joli sur la
page.

Comme ça j'oublie rien,
tu vois?

Ouai, mais t'y vas fort avec la prof d'eps,
où t'as vu qu'elle était nazie?

Conseil n°113

Ne sortez pas seul dans la rue à des heures tardives. En effet, contrairement au chat qui a une excellente vision nocturne, nous autres humains n'avons pas la qualité de voir dans le noir. Déjà que le jour, nous n'avons aucune bonne vision générale des choses.

Ce sacripant a voulu m'attaquer.

Mais quelle chance, c'était un soir de

pleine lune. On y voit comme en plein jour!

Pleine lune

Le sacripant

Détails
parfaitement visibles

Conseil n°114

Chassez de votre mémoire les moments douloureux. Et si vous n'y arrivez pas, c'est la preuve que votre cerveau est rancunier.

Tu te souviens de cette fois là où on
s'était disputés pour une gonzesse?
Ooooo que oui

Conseil n°115

Si durant un voyage, vous avez la mauvaise idée de vous perdre, évitez d'imaginer des scénarios catastrophes et mettez plutôt à profit vos dernières forces pour dessiner dans le sable le mot « help » pour que le premier avion qui passera au-dessus de votre tête vous repère. C'est la raison pour laquelle il vaut toujours mieux se perdre à la plage.

Conseil n°116

Comme tout le monde, il va vous falloir passer le permis même si vous n'avez pas tellement les moyens. De nos jours vous ne pouvez pas décemment vous déplacer à cheval. Songez à vos arrières arrières petits enfants. Quand viendra leur tour, ce seront des vaissaux spatiaux qu'ils apprendront à piloter. Imaginez le prix exorbitant de l'heure de conduite.

Z'ont jamais vu de
cheval de leur vie,
p'têtre?!

Conseil n°117

Si d'aventure votre faciès faisait rire la galerie sans que vous n'y soyez pour grand chose (et même dans vos mauvais jours où vous affichez pourtant une triste mine), ne vous en formalisez pas et essayez de voir le bon côté des choses. Vous avez tout simplement un charisme naturel qui a tendance à plonger n'importe qui dans une euphorie permanente. Songez que certains êtres traversent la vie sans qu'on leur porte la moindre attention, et même s'ils s'épuisent en bons mots et contrepétries diverses.

En vrai je sais pas si je l'ai déjà faite
mais auquel cas c'est toujours aussi drôle la
deuxième fois

Conseil n°118

Lorsque vous jouez au jardin d'enfant, je ne peux que vous enjoindre à tripoter de vos mains potelées toutes les surfaces qui se présenteront à vous, et à ne pas écouter les consignes d'hygiène de vos parents. Même si vous êtes tout petit, vous devriez savoir que les microbes sont nécessaires à la construction de votre système immunitaire. Vous voyez bien que les chiens, qui vivent pourtant à quatre pattes, ne tombent jamais malade et le plus souvent meurent écrabouillés sous une voiture.

Crotte fraîche

Conseil n°119

Appliquez-vous à vous inscrire dans la bonne marche de l'Evolution, et ne cédez pas facilement à vos bas instincts.

Dépêches,
on a les babouins au cul

Conseil n°120

Embellissez votre intérieur en disposant dans chaque pièce des bouquets de fleurs superbes aux senteurs enivrantes. Vous aurez ainsi l'impression de ne pas ignorer cet esthète qui sommeille en vous, celui là qui se sent quotidiennement écrasé de douleur à simplement vivre dans une habitation triste et sans charmes.

3 brins de fleurs
c'est pas le bout du monde

Conseil n°121

Au moment d'aller au tableau, lorsque vous trébuchez malencontreusement sur le coin d'une chaussure qu'on aura soin de placer en travers de votre chemin pour des raisons obscures telle que la volonté de vous humilier, rappelez-vous que vous n'êtes ici que par le hasard de la rencontre improbable entre un spermatozoide et une ovule, deux microscopiques entités dépourvues de la moindre volonté. C'est ainsi que vous relativiserez plus facilement la moindre de vos mésaventures.

Pas la moindre volonté ...
tu parles!

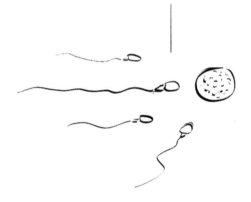

Conseil n°122

Renseignez-vous sur les horaires de marée avant de vous aventurer sur une plage en Bretagne. Vous savez bien que la lune a plus d'un tour dans son sac.

Ces histoires de marées
franchement
ça commence à bien faire

Conseil n°123

N'oubliez pas que la perfection n'existe pas,
et surtout la vôtre.

Puisque la perfection n'existe pas,
je ne cours pas très souvent,
et parfois même je ne fais jamais de sport

Conseil n°124

Acceptez d'être né quelque part, et pas
ailleurs. Songez aux arbres. Les arbres non
plus n'ont pas choisi d'être enracinés là où ils
sont. Ça ne les empêche pas de pousser vers
le ciel en toute quiétude, surtout s'ils sont
dans un de ces espaces naturels et préservés,
dans quelconque région superbe et tempérée,
remplie d'écureuils, et non elligible à la
déforestation.

Quand on pense que certains
sont plantés dans des jardins,
je suis vert de rage

Conseil n°125

Apprenez de vos erreurs, vous allez devenir
très intelligent.

Alors comme ça tu me quittes avec le même exact argument que la fois dernière ?

Conseil n°126

Sachez que notre médiocrité est sans limite et qu'elle nous constitue depuis les origines. En tant que digne descendant des homo sapiens, supportez l'idée d'oeuvrer vous aussi à sa perpétuation.

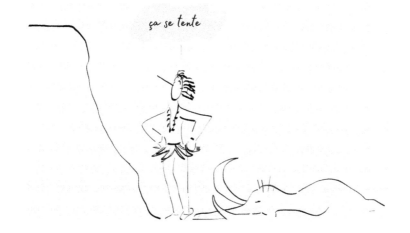

Conseil n°127

N'hésitez pas à faire des compliments aux autres. Même s'ils ne sont pas sincères, ça mettra toujours une bonne ambiance. Il n'y a qu'à voir l'atmosphère heureuse dans laquelle vous avez grandi.

Très sincèrement,
ta coupe de cheveux est sensationnelle

Conseil n°128

Profitez d'être un enfant et de pouvoir faire tout ce que vous voulez; car bientôt vous continuerez de faire tout ce que vous voulez mais vous irez en prison.

Vous avez donc volé des bonbons
aux alentours de 18h à cette
petite marchande bien aimable?

Oui, mr

Et n'était-ce pas
des rouleaux de
réglisse taille
maxi?

Oui, mr

Conseil n°129

Si vous avez un trouble du déficit de l'attention, c'est assez courant et vous devriez en parler à des adultes autour de vous, sauf si vous avez déjà oublié le nom de ce trouble.

Qu'est ce qu'il y a mon p'tit?

M'sieur,
j'ai un trouble médical du cerveau,
et j'sais plus bien comment ça s'appelle

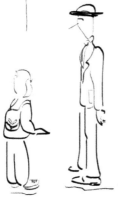

T'en fais pas, c'est qu'il doit
pas être bien important

Conseil n°130

En grandissant il faudra apprendre à vous séparer de votre doudou; parce qu'un jour sinon on accusera votre mère de ne pas avoir été aimante, ou bien votre père de l'avoir trop été.

Conseil n°131

Il se peut qu'un jour, qui sait, vous ayez
envie de faire plaisir à vos parents. Dans ce
cas il n'y a pas trente six solutions, il suffit
de ne pas vous faire remarquer de la
journée.

Conseil n°132

Il faut se laver les dents trois fois par jour.
Mais si vous mangez des bonbons toute la
journée, vous avez bien raison de ne pas
prendre cette peine.

Déjà qu'il faut manger 3 fois par jour,
puis ceci ... puis cela ...

Conseil n°133

Ce n'est pas grave d'avoir des poux. Ça veut dire que vous êtes une surface hospitalière et accueillante.

Conseil n°134

Si vos camarades de classe ne vous adressent jamais la parole, ce n'est pas très grave, à l'âge qu'ils ont leur vocabulaire tient dans un dé à coudre, vous ne perdez pas grand chose.

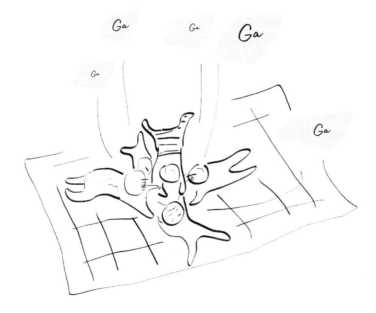

Conseil n°135

Grandir consiste à apprendre les régles élémentaires de la société. Par exemple, si vous voulez obtenir plus de bonbons, il faut être sage. Mais à l'avenir, quand vous serez grand, si vous voulez obtenir plus d'argent il ne faudra surtout pas être sage, il vous suffira d'être capitaliste.

Non, on ne vole pas dans les magasins

ce sont les magasins

qui nous volent

Conseil n°136

Pince mi et pince moi sont sur un bateau,
pince mi tombe à l'eau. Qui est ce qui reste ?
Demande le parent violent à son enfant.
C'est ici le moment où l'enfant intelligent
préfère jouer au roi du silence.

Conseil n°137

Votre corps ne sera pas le même dans un an.
Et votre esprit non plus. En revanche,
aucune fée ne sera venue échanger vos
parents.

Conseil n°138

Pour alléger votre cartable, retirez les
livres.
Vous allez finir par devenir un cancre,
certes, mais vous n'aurez pas de scoliose ;
contrairement à tous ces petits génies dont
on dit qu'ils ont la bosse des maths.

Conseil n°139

Il serait imprudent et tout bonnement inconsidéré de ne pas connaître sur le bout des doigts les grands principes qui régissent votre pays de l'Enfance. Comme par exemple, le droit des enfants à toujours obtenir gain de cause face aux adultes. Le problème étant que ce pays n'est pas encore reconnu comme tel par les Institutions.

Conseil n°140

Si vous êtes victime de harcèlement à l'école, il faut briser le silence. Après tout, ça pourrait n'être qu'un malentendu. Vous êtes peut-être gros, mais ce qu'ils ne savent pas c'est que vos parents sont directeurs de l'école.

Conseil n°141

Estimez-vous heureux, il y a 7 millions d'années, vous auriez eu des singes pour parents.

Conseil n°142

Si jamais vous êtes ce genre d'enfants qui posez beaucoup trop de questions, ne vous étonnez pas de n'obtenir jamais de réponses. De toute façon, l'univers recèle bien plus de questions que de réponses. A commencer par celle-ci, que vos parents se posent tous les jours: pourquoi il a fallu que ça tombe sur nous?

Conseil n°143

Comprenez que lorsque vos parents vous emmènent dans les supermarchés, ce n'est pas dans le but de vous acheter tout ce que vous montrez du doigt. S'ils n'ont pas les moyens de vous payer une nounou, ça veut bien dire qu'ils n'ont pas non plus les moyens de vous acheter un rayon entier de sucreries.

Conseil n°144

N'oubliez pas: le vent souffle, le chat miaule, et vos parents aboient.

Conseil n°145

Estimez-vous heureux, il y a un siècle, vous seriez entrain de travailler dans les mines. Alors qu'aujourd'hui vous êtes affalé dans le canapé et on vous impose de regarder des dessins animés bourrés de clichés sexistes. Ce n'est pas une souffrance comparable.

Conseil n°146

Interrogez les astres de temps à autre.
Et si vous n'avez pas de réelle croyance en tout ce qui n'est pas suffisamment logique et censé, songez quand même aux quelques milliards d'individus qui ont ainsi toujours trouvé du sens à leur vie.

Conseil n°147

Le soir, pour vous endormir paisiblement, il faudrait que vous réussisiez à retrouver une respiration ample et apaisée, que vous lâchiez prise sur vos attentes du lendemain, et que vous trouviez de bons arguments pour convaincre votre grand frère de vous détacher de la commode.

Conseil n°148

Il est trop dangereux de vous rendre tout seul à un bal costumé. Surtout si vous êtes déguisé en araignée. Les gens vont passer leur temps à vouloir vous écraser. Il vaudra mieux préférer le déguisement du pédophile. Idéal pour passer inaperçu.

Conseil n°149

N'oubliez pas. La vie c'est aujourd'hui, et pas hier, ni demain. Ce qui tombe bien car hier vous avez été collé, et demain vous avez un contrôle d'histoire-géo.

Conseil n°150

Ne vous plaignez pas. Songez que si vous viviez en Amérique, il y a longtemps qu'on vous aurait detecté un trouble psycho-moteur quelconque. On vous aurait emmené chez le psy chaque mercredi, tandis qu'en France on vous a inscrit au poney.

Conseil n°151

Si vous ne voyez jamais vos parents, c'est qu'ils travaillent beaucoup pour vous acheter des cadeaux. On ne peut pas tout avoir.

Conseil n°152

Si vous êtes déjà en couple à l'école primaire, c'est une preuve de plus que vous êtes un enfant. Les enfants sont très conformistes.

Conseil n°153

Vous n'êtes pas nécessairement obligé de faire partie d'une bande. Vous êtes seulement obligé d'être sociable. Sans ça on vous rangera dans la bande des loosers.

Conseil n°154

Arrêtez de perdre vos affaires, vos parents vont croire que vous le faites exprès pour baliser le chemin juqu'à chez vous et qu'une âme charitable vienne vous sauver.

Conseil n°155

Il ne faut pas être triste. Les oiseaux migrateurs reviennent un jour. Sinon, c'est qu'ils auront été mangés.

Conseil n°156

Faites l'effort d'être heureux quoiqu'il se passe, et la vie vous le rendra. Puisque de toute façon vous manquerez cruellement de lucidité.

Conseil n°157

Exercez-vous en langues étrangères. Car il y aura toujours des choses que vous souhaiterez pouvoir dire sans être bien compris.

Conseil n°158

Non, on ne mange pas ce qui est tombé parterre, vous pourriez être malade. La loi est très stricte. Ce sont uniquement les sdf qui ont le droit de le faire.

Conseil n°159

Dans la vie, ne faites pas comme tout le monde, et octroyez-vous le droit d'avoir un destin unique. C'est le meilleur moyen pour ne pas se comparer.

Conseil n°160

Prenez soin de votre apparence, et même si vous avez la flemme. Vous savez bien que les gens beaux réussissent mieux dans la vie ; il n'y a qu'à voir vos frères et sœurs.

Conseil n°161

Pour conserver de beaux cheveux et une belle peau, ne mettez rien dessus. C'est une astuce qui n'est pas bien connue car elle ne permet pas d'engraisser les multinationales à travers le monde.

Conseil n°162

Quand vous serez grand, il faudra impérativement vous souvenir du code de votre carte bleue pour payer dans les magasins. Et en attendant, entraînez-vous avec celles de vos parents.

Conseil n°163

Il ne faut pas dire que vos parents sont morts pour qu'on vous excuse tout. Si vous voulez vraiment qu'on vous excuse tout, il faut dire que vos parents sont morts, et que ce n'était pas de votre faute.

Conseil n°164

Autant que faire se peut, instituez une trame à votre vie. Ne gaspillez pas votre énergie en actions et relations sans intérêt. Dessinez vous un itinéraire clair, bordé de nécessaires apprentissages. Tout en sachant que vous n'aurez probablement aucune prise sur rien.

Conseil n°165

Ne soyez le disciple de personne, sauf éventuellement de celui que vous aurez choisi avec tout le soin nécessaire à une telle emprise.

Conseil n°166

N'ayez pas la vanité de penser que vos réussites sont le fruit de vos seuls efforts. Il se peut que sinon, on vous le reproche. Peut-être jusqu'à faire de vous un pestiféré. Ce serait là un échec dont vous pourriez vous attribuer l'entière responsabilité.

Conseil n°167

Si vous voulez faire appel à Dieu pour avoir de meilleures notes à l'école, ça marchera mieux si vous êtes déjà un bon élève.

Conseil n°168

Une fois que vous serez majeur, ne vous racontez pas que vous seriez soudain devenu libre. Car ça voudra seulement dire que vous serez devenu quelqu'un qui pourra plus facilement prétendre, en certaines occasions, et selon ses dispositions financières, à connaître quelques espaces de liberté.

Conseil n°169

Sachez que votre organisme a besoin de presque 2 litres d'eau pour fonctionner chaque jour et qu'elle est indispensable à votre survie; bien entendu, vous avez aussi le loisir de vous dessécher comme un vieux pruneau en dépit de toutes les contrindications de la Haute Autorité de Santé. Il est vrai que vous avez toujours eu un problème avec l'autorité. Et aussi avec le calcul.

Conseil n°170

Adoptez une philosophie de vie positive. Même si ça ne sera pas aisé tous les jours, et que de toute façon à la fin on meurt.

Conseil n°171

Soyez conscient qu'il faudra vous accoutumer à devoir être une simple variable d'ajustement dans la vie intime des gens. Rassurez-vous, vous en ferez de même de votre côté.
C'est ce qu'on appelle pudiquement les relations humaines.

Conseil n°172

Une fois que vous aurez fêté vos 18 ans, ce n'est pas dit que vos parents vous fassent davantage confiance; ce serait plutôt le contraire.

Conseil n°173

Parmi la pléthore de gens qui ne vous connaissent pas encore, imaginez en quelques uns entrain de découvrir votre existence, dans un article de journal, ou à la télévision, qu'importe. Ensuite, calmement, retrouvez vos esprits. Vous venez de prendre un shoot de dopamine, ce qui est favorable à une excellente santé mentale.

Conseil n°174

Pour rester stimulé, lancez-vous des défis impossibles. C'est ce que font vos parents tous les jours.

Conseil n°175

Avancez dans la vie en ayant une pleine conscience des risques de trahison future.

Conseil n°176

Gardez toujours en vous un fond de pessimisme. Quoiqu'il arrive, il est prévu que le soleil finisse par engloutir la Terre.

Conseil n°177

Lorsque vous rencontrez un camarade de classe pour la première fois et que vous détectez en lui les germes d'un futur dictateur, essayez de le ramener à la raison au travers d'une amitié saine et épanouissante. Vous vous sentirez ainsi profondément utile au monde. Mais si jamais un jour vous n'avez plus envie d'être son ami et que vous vous éloignez peu à peu, s'il vous plait ne vous sentez pas responsable des années après d'un soudain conflit de grande ampleur qui amènerait à une extinction de l'Humanité.

Conseil n°178

Si vous songez quelquefois, en votre fort intérieur, que vous gagneriez à être connu, posez-vous quand même la question de savoir si le monde, lui, gagnerait à vous connaître.

Conseil n°179

Si parfois vos idées fusent parce que vous êtes dans une phase de votre vie particulièrement enthousiasmante, essayez d'en faire quelque chose. Un roman, un film, une exposition de quartier, une tombola, peu importe. Quelqu'en soient les retombées, vous en sortirez confiant et grandi, même si les gens se moqueront de vous car ils vous jugeront peu doué et trop sûr de vous.

Conseil n°180

Allez au dodo quand il est l'heure, et pas quand vous êtes réellement fatigué. Vous savez bien depuis le temps que vos parents ont un goût prononcé pour l'absurde.

Conseil n°181

Vous savez bien que la logique de rentabilité s'applique aussi à vous, et qu'il n'est peut-être pas une aussi bonne idée que ça que de vouloir poursuivre ce rêve d'être un artiste.

Conseil n°182

Lorsque vous rencontrez quelqu'un que tout le monde aime mais qu'instinctivement vous n'aimez pas, ne vous en faites pas le reproche en vous pensant associable et de mauvaise constitution. Il se pourrait que vous ayez raison contre tout le monde. Après tout, quand ce bon vieux Galilée a découvert que nous évoluions sur une sphère suspendue dans le vide, il n'a pu compter sur personne pour le féliciter de son intuition révolutionnaire.

Conseil n°183

Sachez déloger les éventuels points noirs de la zone t avant un rendez-vous galant. Vous n'avez pas envie qu'on pense qu'à votre âge vous auriez des problèmes de peau. Et même si vous êtes pile dans le bon âge pour ça.

Conseil n°184

Usez de subterfuges brillants pour vous sortir d'une sombre relation.

Conseil n°185

Il faut toujours que vos projets de vie soient porteurs de positivité, c'est pourquoi il faudrait cesser cette manie de préparer des bombes à eau pour les lancer sur les passants depuis la fenêtre.

Conseil n°186

N'hésitez pas à planter des arbres quand vous en avez le désir sourd. Les arbres sont connus pour absorber les excès de co2 dans l'atmosphère et du même coup de limiter les impacts du réchauffement climatique et de nous sauver à moyen terme; il faudrait seulement que vous ayez la main verte.

Conseil n°187

Manipulez avec soins vos animaux domestiques. Songez que ce n'est pas de leur plein gré qu'ils sont devenus vos objets de compensation émotionnelle et qu'ils préféreraient bien mieux évoluer en toute liberté au milieu du décor sauvage de leurs origines.

Conseil n°188

Malgré la puberté, débrouillez-vous pour exhaler un discret parfum de fleurs dans les moments de grande proximité sociale tels que les voyages en transports en commun.

Conseil n°189

Il sera préférable de vous accommoder des drames qui échelonneront votre existence.

Conseil n°190

Pour régler un conflit, soyez tranchant mais sans être inflexible. Si vous ne savez pas comment, inspirez-vous de vos parents. Ils ont quand même réussi à vous faire croire qu'ils étaient pédagogues, alors qu'ils essayaient seulement de faire en sorte que personne ne donne la mort à personne.

Conseil n°191

Si tout le monde à l'école vous critique sur votre physique, songez que vous allez embellir avec les années. Au moins sur un plan intérieur, car vous aurez beaucoup souffert et acquis une sagesse extraordinaire.

Conseil n°192

N'ayez pas la prétention de tout savoir, assurez vous plutôt d'en savoir assez pour ne pas paraître prétentieux.

Conseil n°193

N'oubliez pas que 1 et 1 font 2, et que 2 et 2 font 4. En revanche, 1 parent et 1 parent ne font pas nécessairement 2 enfants, et là dessus en effet vous pouvez leur en vouloir.

Conseil n°194

Si vous constatiez une asymétrie dans l'amour prodigué par vos parents entre vos frères et sœurs et vous, n'en faites pas un insurmontable drame. Il se pourrait bien qu'à terme votre souffrance se transforme en don artistique, et qui sait lucratif, par le principe bien connu de la sublimation.

Conseil n°195

Faites le tri de vos déchets sans rechigner. Certes, vous vivez à l'heure du dérèglement climatique et vous trouvez ça injuste par rapport à vos aieux qui gaspillaient sans compter, mais estimez vous chanceux; vous n'avez pas connu de guerre mondiale, ce qui est pire que d'avoir trois poubelles de couleurs différentes à l'entrée de son immeuble.

Conseil n°196

Il ne faut pas vous préoccuper de ce que pensent les autres en général, il faut plutôt vous préoccuper de faire bonne impression sur quelques personnes en particulier.

Conseil n°197

Si vous êtes une petite fille et que vous aimez vous habiller en petit garçon, ou si vous êtes un petit garçon et que vous aimez vous habiller en petite fille, c'est la preuve que vous avez bien compris que le monde se divise en deux catégories, mais pas encore que l'une prétend gouverner l'autre.

Conseil n°198

Pendant la récréation, il faut courir partout. Mais l'instant d'après en classe, il est important de savoir rester rigoureusement immobile.

Conseil n°199

Si vous êtes une petite fille et que vous aimez vous habiller en petit garçon, ou si vous êtes un petit garçon et que vous aimez vous habiller en petite fille, ce n'est pas grave, mais quoiqu'il arrive il vaudra mieux être le petit garçon.

Conseil n°200

Si vous êtes victime de harcèlement scolaire par des plus costauds que vous, faites en état à un adulte aussi bienveillant que responsable qui saura prendre des mesures pour vous protéger et vous assurer une scolarité dans un cadre sécurisant. Dans le cas où vous ne trouveriez pas dans votre cercle proche un adulte aussi bienveillant que responsable, prenez votre mal en patience ; bientôt, le bac en poche, votre vie s'ouvrira sur un ailleurs merveilleux qu'on appelle la société marchande.

Conseil n°201

Passez du temps seul pour réfléchir à des questions de société à l'abri de tout jugement social.

Conseil n°202

Lorsque le Père-Noel, qui a su rester jeune malgré les années, fera ce long voyage depuis le Pôle Nord pour vous apporter vos cadeaux, il ne faudra pas vous étonner en le croisant qu'il ait l'air si peu fatigué, à un point tel qu'on jurerait qu'il vient de passer la soirée dans votre salon.

Conseil n°203

Si vous n'avez pas encore terminé votre croissance, mangez sans culpabilité. Dans le cas contraire, faites attention à votre ligne jusqu'à la fin de vos jours car vous vivez dans une société grossophobe.

Conseil n°204

Conservez votre dignité même si vous étiez amené à chuter inopinément de votre long à la vue de tous ; ajoutez alors deux ou trois glissades et quelques roulés boulés. On croira que c'était intentionnel.

Conseil n°205

Si vous aimez votre chien plus que vos frères et sœurs, ce n'est pas quelque chose dont vous pourriez être fier, même si c'est très compréhensible.

Conseil n°206

Sachez une bonne fois pour toutes que c'est la Terre qui tourne autour du soleil. Et par la même occasion, arrêtez d'avoir la grosse tête.

Conseil n°207

Ne sautez pas dans les orties pour faire l'intéressant. Faites plutôt valoir d'autres de vos qualités, comme par exemple votre sens de la mesure. Vous éviterez d'avoir les genoux qui grattent, tout en ayant les chevilles qui enflent.

Conseil n°208

Si vous voulez réussir à parler le langage
secret des animaux, passer votre temps à
quatre pattes est un bon début.

Conseil n°209

Lors d'un quelconque conflit de loyauté,
ayez la décence de ne trahir personne.

Conseil n°210

N'ayez pas la naiveté de croire que vous
seriez exceptionnel au motif que vous venez
de remporter un prix exceptionnel. Ce serait
aller vite en besogne.

Conseil n°211

Attendez un peu avant de commencer à vous intéresser aux choses de l'Amour, car vous avez bien le temps avant de découvrir qu'en fait ce n'est qu'un concept difficilement applicable dans la vraie vie.

Conseil n°212

N'essayez pas de vous mettre en couple trop tôt, car il vaudrait mieux profiter de ce temps béni où personne encore ne vous fait le reproche de ne pas mettre la langue.

Conseil n°213

Si d'ores et déjà vos maigres aptitudes en langues étrangères vous laissent présager un avenir incertain dans le domaine des relations internationales, domaine dans lequel vous projetiez pourtant de vous inscrire professionnellement parlant, prenez un temps de réflexion, puis continuez dans cette voie si c'est votre souhait véritable. Il faudra seulement vous accoutumer à régulièrement décevoir vos interlocuteurs.

Conseil n°214

Ne restez pas inactif trop longtemps au risque d'y prendre goût.

Conseil n°215

Ne prenez pas le prétexte de la pluie pour ne pas vouloir vous rendre à l'école. Une meilleure combine consisterait à placer le thermomètre sur une ampoule.

Conseil n°216

Pour ne pas finir dernier à la course, il faut bien s'entendre avec l'avant dernier, et chausser une pointure de plus.

Conseil n°217

N'ayez pas peur du vieillissement, mais plutôt de l'acné. Car à chaque âge, son abomination.

Conseil n°218

Rien n'est jamais tout noir ou tout blanc dans la vie, et tout est une question de mesure. Faites donc preuve de tolérance, tout en ayant des avis tranchés sur les sujets cruciaux.

Conseil n°219

Prenez exemple sur vos parents qui travaillent dur et allez finir vos devoirs.
Et si vos parents sont au chômage, raison de plus pour travailler dur car vous ne pourrez pas compter sur eux pour faire jouer leurs réseaux.

Conseil n°220

Basez-vous sur des témoignages crédibles pour vous faire une opinion d'événements auxquels vous n'avez jamais assisté, tel qu'un pogrom, un changement de régime, ou autre.

Conseil n°221

Si vous trouvez qu'il n'y a pas de justice en ce monde car les célébrités ne vont jamais en prison en dépit de leurs actions condamnables, ne vous inquiétez pas, le tribunal populaire se chargera de compenser ce manque.
Le problème étant qu'il faille maintenant rehausser le budget de la justice aux fins de rémunérer ces juges si nombreux à travers la toile d'Internet.

Conseil n°222

Si vous êtes en surpoids, posez vous la question de savoir par rapport à quoi.
Si c'est par rapport à l'intégralité des images de femmes et d'hommes que vous voyez passer dans les médias, alors c'est que vous ne l'êtes pas.

Conseil n°223

Ce n'est pas surprenant que vous ayez envie
d'avoir des enfants plus tard, et que vous
commenciez déjà à choisir leurs prénoms
très consciencieusement, mais en attendant
c'est vous l'enfant. Finissez donc votre
assiette et au lit!

Conseil n°224

Si vous croyez aux fantômes, sachez être
mesuré, et n'allez pas jusqu'à croire aux
lutins.

Conseil n°225

Etant donné la palanquée de mauvais
plaisantins qui gravitent sur cette planète,
faites vous parfois porter malade pour
profiter de journées bien au chaud dans
votre lit, loin des ennuis potentiels.

Conseil n°226

Si vous êtes musicien dans un orchestre, ne cherchez pas à faire constamment la démonstration de votre brio et sachez jouer collectif, au moins pour le bien de la mélodie.

Conseil n°227

Faites bien attention. Le camion des poubelles n'est pas une attraction pour les enfants. Mais plutôt pour les rats.

Conseil n°228

Si vous êtes un enfant unique, pour ne pas vous ennuyer vous n'avez qu'à vous inventer un ami imaginaire. Ce sera un ami précieux car contrairement aux autres, il sera toujours partant pour jouer avec vous.

Conseil n°229

Ne prenez pas pour acquis d'avoir une
famille aimante et dévouée, vous pourriez
tomber de haut une fois passée l'obligation
légale de vos parents à devoir subvenir à vos
besoins.

Conseil n°230

A l'école primaire, prenez soin de recouvrir
votre bouche dès que vous faites une
découverte étonnante. Les mouches sont
bien plus rapides qu'on ne le pense.

Conseil n°231

Si vous êtes un homme et que vous attendez
patiemment la majorité pour votre première
fois, c'est tout à votre honneur, mais sachez
que ça ne fera pas de vous un meilleur
partenaire et que vous serez tout aussi
inexpérimenté mais avec des organes
génitaux plus développés.

Conseil n°232

Si vous êtes une femme et que vous attendez patiemment la majorité pour votre première fois, c'est une bonne idée, ça devrait vous éviter un certain nombre de retombées négatives tel qu'un harcèlement sexiste de masse.

Conseil n°233

Si vous êtes un enfant, regardez toujours avant de traverser. Car en cas d'accident, on pourrait venir vous reprocher d'avoir été indétectable sur la voie publique.

Conseil n°234

Lors d'une conversation anodine, prononcez votre langue maternelle correctement, sans omettre les accents toniques. Sinon on pourrait vous suspecter d'être un touriste dans votre pays, ce qui est très vexant.

Conseil n°235

Lors d'une conversation anodine, prononcez votre langue maternelle correctement, sans omettre les accents toniques. Sinon on pourrait vous suspecter d'être un étranger dans votre pays ce qui n'est pas seulement vexant mais pourrait carrément s'avérer dangereux.

Conseil n°236

Quoiqu'il arrive, ne vous excusez pas. Car si vous êtes innocent, vous ne devriez pas être entrain de vous excuser.

Conseil n°237

En grandissant vous allez devenir de plus en plus fort, et vos parents s'en réjouissent, car bientôt vous aussi vous pourrez porter les sacs de courses.

Conseil n°238

Profitez de votre enfance car c'est une
période de temps durant laquelle vous n'avez
aucune responsabilité en quoique ce soit, si
ce n'est celle d'avoir des bonnes notes à
l'école. Et si vous n'en avez pas, c'est que
vraiment vous cherchez la petite bête.

Conseil n°239

Pour éviter un enchaînement d'hypothétiques
drames, essayez de toujours fait le bon
choix.

Conseil n°240

Ne vous baladez jamais le nez en l'air près
d'une piscine. A fortiori si vous avez
toujours séché vos cours de natation.

Conseil n°241

Si quelque chose devait se passer dans votre vie, quoique ce soit, ne mettez pas ça trop vite sur le compte de la chance ou de la malchance. Car il s'agira uniquement des conséquences de l'activité de la première bactérie sur Terre.

Conseil n°242

Si vous avez une sainte horreur du jardin d'enfants parce que vous ne sauriez étrangement pas interagir avec les gens de votre âge, essayez de négocier avec la baby-sitter en lui promettant de ne pas révéler à vos parents les sévices qu'elle vous fait subir.

Conseil n°243

Pardon, mais c'est quoi cette idée de vouloir tous se ressembler?
Vous savez bien que vous avez des adn différents de vos copains, et que la différence est une richesse. Dans ce cas précis votre seul point commun sera la connerie.

Conseil n°244

Essayez, autant que faire se peut, de vous en tenir à la logique.
Pendant les vacances, il faudrait que vous arrêtiez de faire des calculs mentaux à la plage; et à l'école, il faudrait que vous arrêtiez de battre des pieds sous la table.

Conseil n°245

Lorsque vous avez un baillement irrépréssible pendant une représentation, mettez la main devant votre bouche pour rester discret. Après tout, on pourrait vous accuser de manquer de respect aux comédiens et de vouloir faire l'interessant alors que vous n'avez seulement pas eu une bonne nuit de sommeil. Il faut vous rappeler que les gens sont constamment persuadés d'avoir de bonnes intuitions. C'est ainsi qu'ils en viennent toujours à condamner qui que ce soit, même d'innocents spectateurs d'un théâtre ennuyeux et mal écrit.

Conseil n°246

La vie passe très vite. Pour y voir clair, chaussez bien vos lunettes.

Conseil n°247

Ne faites pas une montagne de tout sous
prétexte que vous seriez hypersensible.
Car c'est surtout que vous êtes hyper
préoccupé par ce que pensent les autres.

Conseil n°248

C'est faire preuve de bon sens que d'investir
les domaines dans lesquels vous avez un réel
talent, plutôt que de tergiverser dans les
matières où vous n'êtes pas doué. Mais ce
n'est pas dit que vous en ayez.

Conseil n°249

Attention. La crise d'adolescence ne peut
être un prétexte pour sécher les cours.
Mais vos inaptitudes, oui.

Conseil n°250

Sachez argumenter avec soin lorsque vous êtes accusé de mentir. C'est à ça aussi que sert le langage, et pas seulement à faire croire n'importe quoi à n'importe qui comme vous en avez trop l'habitude.

Conseil n°251

Non seulement lire va vous rendre très intelligent, mais aussi très mature. La raison en est qu'à force de lire des encarts publicitaires, vous devrez très tôt apprendre à résister à la pulsion d'achat.

Conseil n°252

Débarrassez-vous de vos tics de langage avant de passer un examen oral qui compte un fort coefficient pour le bac. Même si c'est triste, vous ne pouvez pas faire valoir systématiquement la perte de vos aieux dans les camps de concentration pour tout et n'importe quoi.

Conseil n°253

A mesure que vous vieillissez, essayez de ne pas en vouloir à vos parents. Et même si tout vous apparaît de plus en plus clairement et que vous n'avez plus cette dépendance anxieuse envers eux pour survivre, celle là qui créait dans votre cerveau un attachement viscéral et une admiration sans borne incompatibles avec tout raisonnement logique.

Conseil n°254

Soyez patient, et la vie vous récompensera. Au moins quelquefois à Noël et à vos anniversaires.

Conseil n°255

Il ne faut pas écraser les petites fourmis en marchant.
Ce sont les araignées qu'il faut écraser.

Conseil n°256

On dit s'il vous plaît, merci, au revoir
madame.
Et on n'évite de souffler derrière. Sinon il
faut tout refaire.

Conseil n°257

L'amour de vos parents est inaltérable.
Et si vous êtes orphelin, c'est le souvenir de
l'amour de vos parents qui est inaltérable.

Conseil n°258

Chaque objet a au moins deux utilisations.
Par exemple, les cailloux servent à jouer à la
marelle, et sont a priori inoffensifs. Mais si
vous décidez de les jeter en l'air, ils risquent
fort de faire mal à quelqu'un. Autre exemple,
la main de vos parents.

Conseil n°259

Si vous êtes un jeune clandestin en France, il ne faut pas oublier que vous êtes comme tous les enfants du monde et que vous avez le droit d'aller à l'école. En revanche, sachez que vos parents ne pourront pas vous aider le soir à faire vos devoirs, car ils seront dans des centres de détention.

Conseil n°260

Sachez que le b a ba n'est pas de savoir écrire et parler correctement. Il est de savoir se faire comprendre de vos semblables, même si ni eux ni vous ne savez écrire ou parler correctement.

Conseil n°261

Le secret c'est d'écouter son corps. Si vous avez faim, mangez, si vous avez froid, couvrez-vous, si vous êtes fatigué, reposez-vous.
Et si vous voulez du sexe, il faut aussi écouter le corps de l'autre.

Conseil n°262

Si vous deviez être pris dans un tourbillon néfaste de travail en vue de réaliser vos rêves d'ascension, faites quand même des pauses devant la télévision, ça vous otera l'envie de vous dépasser, en songeant qu'après tout l'humain est plutôt médiocre et qu'il n'y a pas de raison à ce que vous fassiez exception.

Conseil n°263

Si vous deviez être pris dans un tourbillon de vacances sans plus réussir à vous remettre au travail, faites des pauses de votre télévision pour observer la vue qu'il y a depuis votre minable lotissement, ça vous otera l'envie de ne pas faire de pognon pour enfin déménager.

Conseil n°264

Vous prendrez enfin le contrôle de votre vie, le jour où vous admetterez qu'il y a des choses contre lequelles vous ne pouvez rien.

Conseil n°265

Si vous restez nul en mathématiques en dépit de vos efforts, ne rejetez pas la faute sur le professeur qui est censé vous passionner à l'âge ingrat que vous avez sur les sujets des triangles isocèles et des probabilités. Ce serait une vraie prouesse.

Conseil n°266

Ne persistez pas à croire qu'à votre âge vous auriez déjà tout compris à tout. Déjà que vous n'avez même pas idée de savoir si vos parents vous aiment vraiment ou vous jouent la comédie.

Conseil n°267

Ne vous étonnez pas de vivre les uns sur les autres et d'en éprouver de l'aigreur. C'est justement le principe des immeubles en ville.

Conseil n°268

Si vous êtes une petite fille, et que vous êtes déjà mariée, c'est que vous vivez en Enfer. Ou bien que vous ne faites pas votre âge.

Conseil n°269

Rapprochez vous de tout ce qui vous fait du bien. A l'exception notable du soleil.

Conseil n°270

Pendant votre scolarité, en cas d'inconfort en certaines matières, essayez de demander à vos parents qu'ils vous paient des cours particuliers. S'ils ne seront pas convaincus de la nécessité de ces dépenses qu'ils jugeront peut-être superflues, entrez dans une transe émotionnelle assortie des cris et hurlements les plus effrayants. Vous devriez obtenir satisfaction. Parce que sans ça, vous risqueriez rapidement d'être relégué au rang de mauvais élève, puis d'avoir des risques plus importants de devoir prendre des drogues à un jeune âge pour venir compenser votre mal-être. Et qui sait dans quel état vous vous retrouveriez.

Conseil n°271

Tamisez les lumières lorsqu'il est l'heure de dormir. Votre cerveau aussi doit être informé de ce qu'il se passe. La mélatonine ne va pas tomber du ciel.

Conseil n°272

Ne faites pas une histoire de la moindre petite traîtrise. Il est dans la nature humaine d'être imparfaite. D'ailleurs, soyez rassuré, un jour votre tour viendra, et comme tout le monde vous prendrez vous aussi quelqu'un pour un con. Qui à son tour fera de même avec quelqu'un d'autre. C'est un passage obligé.
Il fallu bien inventer un moyen pour vérifier que tout le monde était normal.

Conseil n°273

Ne soyez pas hypocrites avec vos parents. Ils sont au courant. Ils ont ont été enfant eux aussi, et eux aussi attendaient que la lumière s'éteigne pour lire sous la couette.

Conseil n°274

Si vous avez envie de manger des chips,
mangez en. Qu'est ce que ça peut faire. A
part vous boucher les artères, je ne vois pas.
Il y a bien des gens qui ne mangent pas à
leur faim, ne se bouchent pas les artères en
effet, mais vont mourir bien avant tout le
monde.

Conseil n°275

Pour apprendre à lire, ce n'est pas bien
compliqué, il faut se rendre à l'école.

Conseil n°276

Ne soyez pas trop sévère avec vous même. Il
se pourrait bien que vous deviez passer le
reste de vos jours avec.

Conseil n°277

Si vous avez une peur excessive des souris, et que vous montez systématiquement sur une chaise en poussant des cris d'orfaie à chaque fois que l'une d'elles sort le bout de son nez, prenez conscience que votre problème risque fort de perdurer. Essayez plutôt de placer un bout de fromage sur le pas de votre porte.
De manière générale, efforcez-vous dans la vie d'avoir des réactions saines et intelligentes.

Conseil n°278

N'allez pas vous promener dans les bois en portant un manteau rouge, vous savez bien qu'il faut porter dans ce cas un manteau bleu. Non ce n'est pas une histoire de Grand Méchant Loup, c'est seulement que les chasseurs confondent un peu vite les couleurs, et pourraient vous prendre pour la cible d'un jeu de fléchettes.

Conseil n°279

Tournez votre langue sept fois dans votre bouche avant de dire la bêtise que vous vous apprêtez à dire. Il faut savoir maintenir la santé musculaire de sa langue. C'est le prix à payer pour avoir une bonne élocution et qu'on vous comprenne parfaitement.

Conseil n°280

Partez toujours du principe qu'on ne vous aime pas. Ainsi, vous ne courerez pas le risque d'être déçu. Vous serez seulement agréablement surpris chaque fois qu'on vous accordera une petite attention, même si ce sera probablement non intentionnel, voir condescendant, ou purement intéressé.

Conseil n°281

Mentez toutes les fois où c'est vraiment nécessaire. Le reste du temps, faites de votre mieux pour être cette personne franche et directe que tout le monde appréciera, jusqu'à temps où vous aurez été trop franc et trop direct.

Conseil n°282

Bien que vous soyez très mignon, vous ne pouvez pas plaire à tout le monde. Au long de votre vie, certaines personnes vous voudront du mal, et d'autres vous aimeront. Le tout est de savoir bien distinguer les deux. Car si quelqu'un vous veut du mal et vous aime en même temps, il faut fuir. Cela s'appelle une relation toxique.

Conseil n°283

Lors d'une promenade en montagne, écoutez bien les consignes qu'on vous donne. Car si vous n'êtes pas un sportif ou même quelqu'un d'un peu athléthique, vous avez une chance sur deux de vous perdre, puis une chance sur cinq de vous perdre suffisamment longtemps pour qu'il fasse nuit, puis une chance sur cent de croiser un ours, puis une chance sur mille que cette ours soit une femelle entrain de protéger ses petits de vous qu'elle croit être un dangereux prédateur, et enfin toutes les chances d'avoir envie de prendre l'ours en photo pour faire sensation sur les réseaux sociaux.

Conseil n°284

Mettons que Dieu existe. Alors si Dieu, ou l'un de ses diciples extrêment bien renseigné, essaie de vous contacter d'une manière ou d'une autre, ne faites pas le malin en faisait semblant de ne rien voir juste parce que ça vous ennuirait de devoir modifier tout votre système de pensée jusque là bien établi depuis votre naissance, somme toute hasardeuse, au sein d'une famille athée.

De la même manière, mettons que Dieu n'existe pas. Alors s'il n'essaie donc pas de vous contacter, ne faites pas le malin en faisant semblant de voir des signes partout de sa présence, juste parce que ça vous ennuirait de devoir modifier tout votre système de pensée jusqu'alors bien établi depuis votre naissance, toute aussi hasardeuse, au sein d'une famille croyante.

De manière générale, sachez que vous n'avez aucune espèce de personnalité et que vous êtes seulement un pur produit de votre éducation. Mais ce n'est pas si grave, imaginez que vous auriez pu ne pas naître et ne jamais rien éprouver même pas la douleur que vous éprouvez en ce moment.

Conseil n°285

Il ne faut pas vous amuser à tenir en laisse votre petite sœur. Elle a bien le temps avant de devoir apprendre à se plier à des fantasmes misogynes.

Conseil n°286

Normalement, vous n'avez pas à vous en faire, les abeilles ne piquent pas. Sauf si vous sentez particulièrement fort le sucre à force d'en ingurgiter tout le temps. Reflexion faite, vous avez à vous en faire.

Conseil n°287

Il ne faut pas être ingrat dans la vie. Vous devriez être heureux d'avoir été mis au monde, quand bien même vos frères et sœurs vous martyrisent. Car si vous n'aviez pas été mis au monde, vous n'auriez jamais connu cette petite jouissance d'aller vous faire plaindre auprès de vos parents.

Conseil n°288

Il arrive que certains prennent mieux la lumière que d'autres. Si c'est votre cas, vous pouvez envisager une carrière dans les métiers de l'image. Si ça n'est pas votre cas, vous pouvez tout aussi bien envisager une carrière dans les métiers de l'image; mais pas aux mêmes postes.

Conseil n°289

S'il devait vous arriver une tuile, pour vous apaiser dites vous qu'au moins personne n'est mort. Ici on parle d'une personne avec laquelle vous avez des liens affectifs. Un mort à l'autre bout du monde ne compte pas.

Conseil n°290

Ne soyez pas malheureux si vous n'êtes pas le premier de la classe. Vous ne pouvez pas l'être chaque année. On croirait que vous êtes le favori du prof. Ce qui est vrai, mais il ne faudrait pas que ça se sache.

Conseil n°291

Travaillez sérieusement à l'école. C'est votre meilleure chance de trouver un jour du travail, puis de vous payer du temps libre.

Conseil n°292

Vous n'avez pas intérêt à commencer la drogue tout de suite. Votre cerveau n'a pas fini d'être formé et il ne le sera que vers vos vingt cinq ans, vous pourriez trop facilement tomber dans la dépendance. Ce qui veut dire ne pas arriver à terminer vos études, ni à trouver du travail, et enfin perdre progressivement votre entourage. Attendez un peu. Sinon vous auriez l'impression d'un chemin tout tracé.

Conseil n°293

Votre corps est entrain de changer, certes, mais ce n'est pas une raison pour essayer tous les styles vestimentaires de la planète en un si court laps de temps.

Conseil n°294

Pour être certain de ne pas passer pour quelqu'un d'étroit d'esprit dans votre lycée, il ne faut pas seulement que vous ayez une garde robe excentrique, il faut aussi que vous évitiez de donner votre avis sur celles des autres.

Conseil n°295

Si vous voulez réussir à être populaire, il n'y a pas trente six façons. Premièrement il faut porter des vêtements à la mode, deuxièmement avoir un langage à la mode, et enfin ne surtout pas s'alimenter sainement. Avec votre hygiène de vie vous avez peut-être une chance.

Conseil n°296

Arrêtez de jalouser vos frères et sœurs. Vous avez bien de la chance d'en avoir, et de ne jamais vous ennuyer. C'est d'ailleurs la raison pour laquelle vos parents vous ont mis au monde.

Conseil n°297

Si un beau matin vous vous réveillez, et que vous ne reconnaissez plus les traits de vos parents, c'est certainement que dans la nuit ils auront été remplacés par d'autres. Mais avant de crier au scandale, demandez-vous quand même si ce n'est pas pour vous arranger.

Conseil n°298

On ne joue pas avec la nourriture. On ne joue avec la nourriture que si le frigo est plein.

Conseil n°299

Si vos parents n'ont pas d'argent, arrêtez de leur demander tout le temps de vous acheter des trucs. A force de les voir refuser, vous allez finir par croire qu'ils ne vous aiment pas. Alors qu'ils sont seulement entrain de reconsidérer l'idée qu'ils avaient eu de vous avoir.

Conseil n°300

Pour réussir à faire voler votre cerf-volant, il faut vous trouver une surface plane, telle qu'une plage, et qu'il fasse beaucoup de vent. Et si possible, que quelqu'un vous empêche de vous envoler avec.

Conseil n°301

Pour réussir à l'école, il faut soit être très bon, soit beaucoup tricher. Il n'y a pas de juste milieu. Puisque la justice n'a rien avoir là dedans.

Conseil n°302

Méfiez-vous des inconnus qui vous posent subitement beaucoup trop de questions. Ce seront soit des policiers, et ça n'augure rien de bon d'être interrogé par des policiers, soit des pédophiles, et ça n'augure rien de bon non plus, soit des pédophiles déguisés en policiers, et alors là vous n'avez aucune chance de vous en tirer.

Conseil n°303

Ce n'est pas vrai que la nuit tous les chats sont gris. Il y en a qui sont roses avec des rayures violettes. Et aussi, ils chantent et savent se tenir sur la tête.

Conseil n°304

Il ne faut pas faire comme vos parents et commencer à fumer trop jeune.
Bien sûr, ça voudra dire renoncer à avoir du charisme pendant votre jeunesse, mais ça voudra dire aussi, en garder pour plus tard, quand vous ne serez pas entrain de cracher vos poumons devant les autres.

Conseil n°305

Si vos parents disent que vous êtes un petit génie, c'est qu'il croient en la loi de l'attraction.

Conseil n°306

Il ne faut pas avoir peur de mourir.
Tout le monde meurt, et contrairement à ce
que vous répètent vos parents, vous n'êtes
pas un cas exceptionnel.

Conseil n°307

Au moment d'avoir à choisir une voie
professionnelle plutôt qu'une autre, il faut
faire une liste de métiers et en choisir un au
pif. De toute façon dans 10 ans ce métier ne
devrait plus exister.

Conseil n°308

Ne confondez pas «aller à l'école» et «aller à
la fête foraine», car il y en a beaucoup qui se
trompent.

Conseil n°309

Si vous avez un quelconque talent précoce, ne le gâchez pas et entraînez-vous sérieusement.
Et si vous n'en avez aucun, ce qu'il y a de bien, c'est que vous aurez le choix de vos études.

Conseil n°310

Pour rester digne pendant la période délicate durant laquelle votre corps va s'allonger démesurément et que votre tête pendant ce temps restera de la même taille, il faudra marcher les genoux savamment pliés en dedans et les bras nonchalamment croisés sur la poitrine.

Conseil n°311

Si à 14 ans vous n'avez même pas le droit de sortir voir vos copains, c'est que vos parents n'ont pas une bonne expertise des choses. Car en général les meurtriers attaquent de préférence les proies vulnérables. Ils ne veulent pas s'embarasser d'avoir à assassiner tout un groupe d'excités qui plutôt que de donner du leur, seraient capables de trouver malin de critiquer ses moindres faits et gestes.

Conseil n°312

Si vos parents ne vous aiment pas, ce n'est pas une raison pour vous plaindre. Parce que c'est ce qu'ils ont trouvé de mieux pour vous préparer à la vie.

Conseil n°313

Pour ne pas vous tromper, il faut toujours bien écouter les instructions.
Mais quand vous serez grand, vous aurez le droit de remettre en question tout ce qu'on vous dit. C'est ce qu'on apelle avoir le sens critique. Ou bien la nationalité française.

Conseil n°314

L'adolescence est un cap difficile à passer, puique votre entourage va devenir subitement extrêmement antipathique.

Conseil n°315

Si vous n'avez rien trouvé de mieux à faire que de la contrebande de tabac pendant votre temps libre, c'est que vous avez beaucoup trop de temps libre.

Conseil n°316

Si vous êtes attaqué par un requin lors d'une pourtant inoffensive baignade en mer, sachez gardez votre sang froid et choisissez la meilleure solution pour vous sortir de cette quasi improbable mésaventure, vous qui n'êtes encore jamais allé visiter la Californie ou l'Australie, ces eaux infestées de requins, justement à cause de votre peur iraisonnée des profondeurs marines, qui n'est maintenant plus si iraisonnée que ça. Si vous survivez, ça vous fera un bon pied de nez à lancer à tous ceux qui se moquaient un peu facilement de vous. Sinon, ce sera au moins l'occasion pour le grand public de s'émouvoir et de se changer les idées, et aux médias de se faire beaucoup de pognon sur votre dos.

Conseil n°317

Le monde est si prévisible. Quand le chat n'est pas là, les souris dansent. Et quand les parents ne sont pas là, les enfants se disputent la télécommande.

Conseil n°318

Estimez-vous heureux. Il y a pire dans la vie que de récolter sans cesse des mauvaises notes. Il y a d'en récolter sans cesse des bonnes, et qu'on vous traite d'intello.

Conseil n°319

Pour ne pas attraper de carries, il ne faut pas croquer de bonbons. Il faut les faire fondre sur la langue.

Conseil n°320

Si on vous a dit que vos dessins étaient
beaux, c'est normal, c'est ce qu'on appelle la
pédagogie.

Conseil n°321

Ne croyez pas que le monde se divise
simplement entre les bons et les méchants.
C'est un constat plus triste. Il y a aussi des
méchants qui font semblants d'être bons.

Conseil n°322

Ne tapez pas vos camarades de classe, on va
croire que vous êtes un enfant mal élevé.
Alors qu'au contraire vous répétez
exactement ce que vous avez appris de vos
parents.

Conseil n°323

Ne confondez pas. Un cheval n'est pas un camion. Une brouette n'est pas une fleur. Une poussette n'est pas une voiture de course. Et un professeur n'est pas un policier. Même si des fois, le doute est permis.

Conseil n°324

Attention. Les bruits de bouche sont le signe d'une totale immaturité. Gardez les pour plus tard, entre adultes.

Conseil n°325

Gardez dans un coin de votre tête l'idée que des gens vous aiment quelquepart. Des gens qui ne vous connaissent pas encore, et que vous allez rencontrer. Ce seront d'ailleurs les seuls qui vous aiment actuellement.

Conseil n°326

Bien sûr que les poissons parlent sous la mer et qu'ils se racontent des blagues, mais le problème c'est que lorsque vous essayez de discuter avec eux, vous postillonez sans cesse.
Ne vous fiez pas aux apparences, les poissons n'aiment pas l'humidité.

Conseil n°327

La loi de la Nature raconte qu'on est mangé par plus grand que soi, mais que si on a pas encore été mangé, on peut manger plus petit que soi. Mais cette loi ne s'applique pas aux Hommes qui vivent sous la Loi de la Civilisation. C'est la raison pour laquelle vous devez sortir illico presto le chat du micro-ondes.

Conseil n°328

N'ayez pas d'inquiétudes. Vous êtes entrain de grandir, et pas entrain de vieillir.
Vieillir, c'est pour plus tard. Juste après les problèmes d'acné, et un peu avant la maladie et la mort.

Conseil n°329

Pour avoir de l'argent de poche, essayez de travailler quelques heures pendant les week-ends. Et si vos parents sont riches, essayez de les croiser dans le couloir.

Conseil n°330

Vous allez voir, quand vous serez grand vous pourrez faire tout ce que vous voulez vraiment faire. Mais en attendant, prenez exemple sur vos parents.

Conseil n°331

Ce n'est pas vrai que les bébés pleurent tout le temps. Ils pleurent seulement quand ils ont un réel problème, contrairement à nous.

Conseil n°332

Pour se couper un quartier d'orange, c'est pas difficile. Vous devriez vous souvenir des mises en garde qu'on vous a faites; comme ça nul risque de vous trancher un doigt pour avoir seulement eu le goût d'étancher votre faim. Sinon ce serait vraiment injuste et stupide, et ce ne serait même pas une bonne histoire à raconter, contrairement à cette fois là où vous avez failli être englouti par un requin et qui a bien amusée tout le monde.

Conseil n°333

Dans la mesure du possible, vous essaierez de grandir en bons termes avec vos parents. Car ce sont ces personnes là qui vous donnent à manger pour grandir.

Conseil n°334

Si vous n'avez pas d'ami, ce n'est pas grave. ça ne veut pas dire que vous n'êtes pas aimable. Ça veut dire que vous n'inspirez pas la joie, nuance.

Conseil n°335

De manière générale, pendant la période des grandes vacances, il faut en profiter.
Car une fois devenu adulte, les vacances deviennent toutes petites.

Conseil n°336

Si vous croyez en l'existence des extra-terrestres mais pas en celle de Dieu, c'est un contre sens. A priori Dieu habite dans le ciel.

Conseil n°337

Si un jour en vous promenant, vous rencontrez un extra-terrestre en visite sur Terre, mais que vous ne savez pas interagir avec lui, c'est normal, personne ne vous a appris à le faire, mise à part les films de l'époque de vos parents que vous avez toujours trouvés ringards et que vous avez donc omis de voir ; dans ce cas, ce sera une bonne leçon pour savoir rester curieux et éviter les aprioris la prochaine fois.

Conseil n°338

Il se peut qu'un jour, qui sait, vous ayez envie de vous teindre les cheveux d'une couleur approximativement rose, mais que vos parents n'y soient pas enclins et vous l'interdisent même formellement, dans ce cas, la seule solution sera de couper la queue de votre licorne adorée pour vous la mettre en postiche.

Conseil n°339

Si vous avez envie de vous habiller de la même couleur tous les jours de votre vie, grand bien vous fasse, mais il faudra seulement être au clair avec l'idée que vous allez être responsable du licenciement de tous ceux qui participent à leur échelle, d'une manière ou d'une autre, à la création et/ou à la promotion des autres couleurs sur le grand marché international.

Conseil n°340

Il faut toujours goûter avant de dire qu'on n'aime pas un aliment, et seulement ensuite on peut recracher.

Conseil n°341

Si vos parents divorcent, réjouissez-vous.
Car vous allez avoir tout ce que vous
possédez en double et sans l'avoir mérité.

Conseil n°342

A la récré, il faudra savoir vous défendre. Si
vous êtes costaud, vous pourrez user de votre
force physique pour impressionner, et si vous
êtes bon orateur, vous saurez trouver les mots
adéquats pour détendre l'atmosphère. Et si
vous n'êtes ni l'un ni l'autre, vous serez une
victime de plus de la sélection naturelle.

Conseil n°343

C'est vrai que vous êtes encore tout petit,
mais arrêtez de confondre Maman et Papa.
Maman va le prendre très mal.

Conseil n°344

Essayez de ne pas trop vous faire remarquer à l'école. Déjà que par votre simple naissance, vous contribuez au réchauffement climatique.

Conseil n°345

Si vos parents insistent pour que vous les vouvoyiez, primo ce sera l'occasion de vous entraîner à la conjugaison des pluriels, que vous ne maîtrisez que moyennement, et secundo, en voilà une bonne excuse pour rester en froid.

Conseil n°346

Afin de ne vexer personne au cours de votre existence, il faudrait que vous ne viviez pas trop longtemps, ce qui est d'ailleurs hautement probable vu la façon que vous avez de vous mettre les gens à dos.

Ingram Content Group UK Ltd.
Milton Keynes UK
UKHW020229270423
420844UK00005B/7